Beetzsee
Silokanal
BRIELOWER BRÜCKE
Schifferring
GutsMuthsstr.
Wabbelstr.
Silostraße
Brielower Str.
Watsstraße
Beetzseeufer
Kleiner Beetzsee
Havel
Krakauer Str.
Knapenhavel
Schoners Wehr
Nuhlenhavel
Willi-Sänger-Straße
Sprengelstraße
Marienbad
Marienberg
Friedenswarte
ALTSTADT
Rathenower Torturm
Rathenower Str.
Gerostr.
Mühlentorstr.
Homeyen-brücke
Grillendamm
Gotthardt-kirchplatz
St. Gotthardt-kirche
Altstädt. Kietz
Bischof Albrecht Schönherr Brücke
Burghof
Dom St. Peter & Paul
Hevellerstr.
Domlinden
Burgweg
DOMINSEL
Domkietz
St. Petri
Mühlendamm
Brücke über die Näthewinde
Näthewinde
Triglafweg
Robert-Koch-Straße
Hochstraße
Städtisches Klinikum
Foquestraße
Harlunger Str.
Bergstraße
Wallpromenade
Altstädt. Markt
Brandenburger Rathaus & der Roland
Plauer Torturm
Plauer Str.
Ritterstr.
Am Marienberg
Magdeburger Str.
Industriemuseum
Den Straßenverlauf der Magdeburger Straße folgen (siehe Kartenausschnitt)
Fachhochschule Brandenburg
Nicolai-Platz
Klosterstr.
St. Johannis-kirche
Jahrtausend-brücke
Hammerstr.
Eichamtstr.
Packhofstr.
Lindenstr.
Brandenburger Stadtkanal
Haupt-pegelmesser
Mühlentorturm
Vereinsstr.
St. Nicolaikirche
Slawendorf
Am Salzhof
H.-Heine-Ufer
Hauptstraße
Grabenstr.
Gr. Münzenstr.
Kl. Münzenstr.
Neustädt. Markt
Neustädt. Wassertorstr.
Deutsches Dorf
NEUSTADT
Havelstr.
Damaschkestraße
K.-Liebknecht-Str.
Clara-Zetkin-Str.
Ferdinand-Lassalle-Str.
Neuendorfer Str.
Luckenberger Str.
A.-Messel-Platz
Schillerstr.
Luckenberger Brücke
Wohlfahrtsforum
Kanalstr.
Goethestr.
Brandenburger Theater / CCC
Wollenweber Str.
Gorrenberg
Büttelstr.
St. Katharinen-kirche
St.-Annen-Str.
Kanalbrücke
Straßenbahn-museum
Jakobsgraben
Bauhofstraße
A. d. Stadtschleuse
Stadtkanal
Kurstr.
Steinstraße
Pauliner Str.
Bäckerstr.
Paulikloster
Der Temnitz
St.-Annen-Brücke
St.-Annen-Prom.
Steintorbrücke
Steintorturm
Neust. Heidestr.
Kath. Kirche Heilige Dreifaltigkeit
Jungfernsteig
Potsdamer Str.
Geschw.-Scholl-Str.
Wiesenweg
Wredowstr.
Jacobstr.
Kirchhofstr.
Jacobs-kapelle
Gr. Gartenstraße
Kl. Gartenstraße
Mittelstr.
Trauerberg
Franz-Ziegler-Str.
Gutenbergstraße
Jahnstraße
Wilhelmsdorfer Str.
Werderstr.
Re-Generations-haus
Gesundheitszentrum
Am Hauptbahnhof
RE 1
DB
B1/B102
Otto-Sidow-Str.
Tismarstraße
Gödenstr.
Kleiststr.
Linienstraße
Otto-Gartz-Straße
Hausmannstraße
Am Jakobsgraben
artenausschnitt
Spittastraße
Friedrich-Franz-Straße
Industriemuseum
Carl-Reichenstein-Straße
Magdeburger Landstraße
B1
Thüringer Straße
Einsteinstraße
Touristinformation
Stadtrundweg
Treffpunkt Stadtführungen
Theater
Museum
Marienbad
Badestrand
Schiffsanleger
Bootsanlegestelle
Bahnhof
Parkplatz
Busparkplatz
Caravanstellplatz
Öffentliche Toilette
Öffentliche barrierefreie Toilette
Regattastrecke
Geldautomaten
Fußwege / Fußgängerzonen
Stadtmauer
Stadtmauerverlauf

INHALTSVERZEICHNIS

EINLEITUNG

Brandenburg an der Havel

Dieser Bildband soll Ihnen, liebe Leser und Betrachter, einen kurzen Einblick in eine facettenreiche deutsche Stadt gewähren, die mit einer immensen historischen, kulturellen sowie musealen Vielfalt aufwartet. Von großartigen Menschen bewohnt, konnte und kann sich die Stadt Brandenburg an der Havel zu einem Zentrum städtischen Lebens im Land Brandenburg entwickeln. Neben der Metropole Berlin und der Landeshauptstadt Potsdam hat sich Brandenburg an der Havel längst in angesehener Weise etabliert. Brandenburg an der Havel ist eine der Städte in Deutschland, die man einfach gesehen haben muss.
72.000 Einwohner und die jährlich zirka eine halbe Million Touristen bestätigen diesen Aspekt.

Die drei mittelalterlichen Stadtkerne – Altstadt, Neustadt, Dominsel – warten mit einer historisch wechselvollen Geschichte auf, die in den zahlreichen Museen und Kirchen anschaulich erlebbar gemacht wird. Das ist eine die gesamte Kultur im Land Brandenburg prägende museale Vielfalt. Das Theater und die Symphoniker der Stadt Brandenburg an der Havel, die Konzerte in Kirchen und Dom, üben kulturellen Einfluss auf das ganze Land Brandenburg aus. Ein Höhepunkt ist der alljährlich stattfindende Brandenburger Klostersommer.

Brandenburg an der Havel hat nicht umsonst den Beinamen „Stadt im Fluss“ – sie lebt vom Wasser und ist in eindrucksvoller Weise mit diesem verbunden. Brandenburg an der Havel – das „Venedig des Nordens“ – wartet mit 66 Brücken im Stadtgebiet auf. Zudem liegt die Stadt im größten zusammenhängenden europäischen Binnenwassersportrevier. Zahlreiche internationale Wettbewerbe von Kanuten und Ruderern werden an der Regattastrecke am Beetzsee ausgetragen. Schließlich ist die erfolgreichste deutsche Olympionikin, Birgit Fischer, eine Tochter der Stadt Brandenburg an der Havel.
Erholsame Stunden, Ferienwochenenden oder Urlaubstage können in der Stadt und doch zugleich inmitten der Natur und direkt am Wasser verbracht werden.

**Brandenburg an der Havel –
Ein Besuch lohnt sich.**

GESCHICHTE

Auf der Dominsel erhebt sich weithin sichtbar in imposanter Weise der Dom St. Peter und Paul, dessen Grundsteinlegung um 1165 erfolgte. An selbiger Stelle stand vor mehr als 1000 Jahren die Wasserfeste Brandenburg, das Machtzentrum der slawischen Heveller – der Havelleute. In dem von Chronisten belegten harten Winter 928/29 wurde die Wasserfeste vom ersten deutschen König, Heinrich I., einige Wochen belagert. Die Inselburg schien uneinnehmbar. Bis sich eine dicke Eisschicht über die Havel zog. „Durch Hunger, Schwert und Kälte wurde schließlich das Zentrum der Heveller genommen …", wussten Ortschronisten zu berichten. Heinrichs Nachfolger, Otto I., stiftete 948 das sog. Bistum Brandenburg. Der erste Dom entstand. Dann kamen im Jahr 983 die Slawen mit einem großen Aufstand zurück. Der Dom wurde völlig zerstört und die Deutschen aus dem Land getrieben. Um 1142 herrschte der Slawenfürst Pribislaw und bestimmte den Askanier (deutsches Uradelsgeschlecht) Albrecht der Bär (1100-1170) zu seinem Nachfolger, der schließlich die Mark Brandenburg gründete. Noch in der zweiten Hälfte des 12.Jh. wurden die beiden Städte Altstadt und Neustadt Brandenburg gegründet, wobei erstere ein Vierteljahrhundert vorher entstand. Ständige Zwistigkeiten beherrschten das Dasein beider Kommunen, die das sog. Magdeburger Stadtrecht erhielten. Da man sich bezüglich eines Gerichtsstandortes nicht einigen konnte, setzte man als gemeinsame Gerichtsbarkeit im 14.Jh. ein Holzhaus auf Pfählen mitten in die Havel, wo über Leben und Tod entschieden wurde. Zwischen 1530 und 1730 fanden hier über 700 Hexenprozesse statt.

Im frühen Mittelalter spielte die jüdische Bevölkerung eine wichtige Rolle für die Entwicklung von Wirtschaft und Kultur in der Alt- sowie auch Neustadt. Der Neid der Brandenburger Bürger richtete sich nach Abnahme des allgemeinen Wohlstands Anfang des 16.Jh. gegen die jüdischen Mitbürger, die um 1510 allesamt die Stadt verlassen mussten.
König Friedrich Wilhelm I. erließ 1715 einen Befehl, woraufhin die Vereinigung der beiden brandenburgischen Städte Altstadt und Neustadt zu erfolgen hatte. Verwaltungssitz der Gesamtstadt wurde das Neustädtische Rathaus.
Im 19.Jh. verlor die Stadt Brandenburg im Schatten von Berlin und Potsdam an Bedeutung.
Ihre Stellung als kreisfreie Stadt büßte sie zwischen 1816 und 1881 ein. Aufwärts ging es mit Brandenburg erst wieder mit dem Beginn der Industrialisierung: 1872 wurden die Brennabor-Werke von den Gebrüdern Reichstein gegründet. Es wurden Fahrräder, Kinderwagen, Motorräder und Automobile gefertigt. Brennabor war in den 1920er Jahren Deutschlands größter Automobilhersteller, später dann zweiter hinter der Firma Opel, die sich ab 1935 ebenfalls in Brandenburg niederließ und hier die modernste Lastwagenfabrik der Welt errichtete.
Im Jahr 1881 eröffnete der Gründerzeitpionier Ernst Paul Lehmann seine legendär gewordene Spielzeugfabrik zur Herstellung von mechanischem Blechspielzeug.
Ab 1911 fuhr eine elektrisch betriebene Straßenbahn durch die Stadt.
Ein riesiges Stahl- und Walzwerk entstand im Jahre 1912, das ständig erweitert wurde. Die letzten Wochen des Zweiten Weltkrieges wirkten sich desaströs auf die Stadt Brandenburg einschließlich ihres gesamten industriellen Umfeldes aus, das zum größten Teil komplett vernichtet wurde. Bei den Kämpfen mit der russischen Armee wurde auch die historische und prächtige Sankt- Annen-Straße zerstört, die repräsentative Einkaufsmeile mit zahlreichen Geschäften und Cafes, dem Aushängeschild einer boomenden Stadt schlechthin.
Ebenso fielen das prunkvolle Kurfürstenhaus und das Neustädtische Rathaus der russischen Artillerie zum Opfer, die aus sämtlichen Rohren Richtung Innenstadt feuerte, nachdem einige Nazis die Stadt noch zu verteidigen suchten. Annähernd ein Viertel der gesamten Stadt lag in Schutt und Asche. Unersetzliche menschliche und baugeschichtliche Verluste waren die Folge.
Nach 1945 begann in der DDR der Wiederaufbau. Die Stadt Brandenburg konnte sich zu einem bedeutenden Stahl- und Metallurgiezentrum entwickeln.
1991 erfolgte mit Fördermitteln des Bundes eine umfangreiche Sanierung der verschiedenen Stadtteile. Die einstige „Chur-und Hauptstadt der Mark Brandenburg" blüht heute in neuer Schönheit wieder auf.

LEBEN IN BRANDENBURG A.D. HAVEL

Lebenswert ist es in Brandenburg an der Havel allemal. Eine Stadt inmitten der Natur, von Wasser umgeben, bietet mit geschützten Landschaften und beeindruckenden An- und Aussichten etwas ganz Besonderes. Generationen von Menschen leben hier, eingebettet in architektonischer, musealer und künstlerischer sowie natürlicher Vielfalt.

Die Stadt Brandenburg an der Havel liegt im größten zusammenhängenden Binnenwassersportrevier Europas. Die Havel und ihre zahlreichen Seen bieten eine Vielzahl an Erholungsmöglichkeiten, die Interessen der Wassersportler und Petrijünger werden hier ebenso bedient, wie die der Radfahrer, Wanderer und Reitfreunde. Die „Stadt im Fluss" ist mit ihrer über 1000jährigen Geschichte nicht umsonst die Wiege der Mark Brandenburg. Hier treffen Kultur und Geschichte unmittelbar aufeinander. Überall sind kulturhistorisch wichtige Spuren von Künstlern aus Vergangenheit und Gegenwart zu finden.

Altstadt

ATHA

ALTSTÄDTISCHES RATHAUS

Ein Schatz der Backsteingotik in der Rolandstadt Brandenburg an der Havel ist zweifellos das Altstädtische Rathaus mit der Statue des Roland - dem Zeichen der Marktgerechtigkeit und dem Symbol für das Stadtrecht. Der schöne profane Backsteinbau des Rathauses mit dem dekorativen Staffelgiebel wurde von 1450 bis 1470 erbaut.
Das Rathaus besteht aus einem langen Hauptgebäude samt Turm sowie einem Anbau zur Schusterstraße hin, den ein schönes doppeltoriges Hauptportal schmückt. Die vier Kopfbilder darauf zeigen bedeutende Brandenburger Bürger aus dem Mittelalter. Die in das Backsteinmauerwerk eingelassenen Blenden sind die Wappen unterschiedlicher Handwerkerzünfte.
Das Rathaus hat eine wechselvolle Geschichte, war es doch nach 1753 Barchentfabrik, dann Gerichtsgebäude und später schließlich die Militärbehörde der Preußen. Von 1911-1912 wurde das Rathaus restauriert, und man entdeckte unter dem im 18.Jh. aufgetragenen Kalkputz mittelalterliche Bau- und Zierformen des Backsteinbaus. In mühevoller Arbeit wurden diese baulichen Schätze wieder freigelegt. Gegenwärtig beherbergt das Altstädtische Rathaus das Büro der Oberbürgermeisterin und des Bürgermeisters. Die Stadtverordnetenversammlung tagt wieder im alten Glanz erstrahlenden Rolandsaal.

Die 5,34 Meter hohe Rolandstatue – eine Kopie des Havelstädtischen Originals ist übrigens vor dem Märkischen Museum in Berlin zu bewundern – wurde 1474 auf dem Marktplatz der Neustadt aufgestellt. 1716 wurde die Sandsteinfigur zum Rathaus umgesetzt, da sie die Preußischen Garnisonstruppen beim Exerzieren störte. Der Roland wurde 1945 auf ein Bauerngut außerhalb der Stadt ausgelagert, um so bei der Bombardierung einer Zerstörung und dem Schicksal des Neustädtischen Rathauses zu entgehen, vor dem er bis dato stand.
Unversehrt harrt der Roland seit Ende des Zweiten Weltkrieges nun vor dem Altstädtischen Rathaus aus. Seit einigen Jahren leistet ihm auf einer hölzernen und zahlreiche Passanten einladenden Bank eine Figur Gesellschaft, die an den Dr. Müller-Lüdenscheid erinnert. Das Original ist ein Werk des in Brandenburg an der Havel geborenen Vicco von Bülow.

FRIEDENSWARTE

Die sich über die Stadt Brandenburg an der Havel erhebende Friedenswarte befindet sich auf der höchsten natürlichen eiszeitlichen Erhebung, dem 68 Meter hohen Marienberg. Die Umbenennung von Bismarckwarte auf Friedenswarte erfolgte am 1. September des Jahres 1958, dem Weltfriedenstag. Auf dem Sockel des einstigen Bismarckturms wurde der neue Aussichtsturm am 7. Oktober 1974 anlässlich des 25jährigen Bestehens der DDR als Friedenswarte eingeweiht. Weithin sichtbar sind bei einem Rundumblick die Havelseen, die Felder, Wiesen und Wälder sowie natürlich die zahlreichen markanten Punkte der Stadt. Bei ausgezeichneter Sicht können Besucher sogar Bauwerke aus der Landeshauptstadt Potsdam bewundern. Um die 32,5 Meter Höhe der Nickel-Chrom-Stahl Konstruktion zu erreichen, muss man 180 Stufen auf einer der beiden übereinander verlaufenden Wendeltreppen erklimmen. Von herrlichen Parkanlagen nach allen Himmelsrichtungen hin gesäumt, ist und bleibt die Friedenswarte ein Besuchermagnet.

Unterhalb der Friedenswarte im Rosenhag befindet sich die Statue des Paris von August Wredow, dem Mitglied der Königl. Akademie der Künste, der durch König Friedrich mit einem Professorentitel ausgezeichnet und 1872 Ehrenbürger der Stadt Brandenburg wurde.

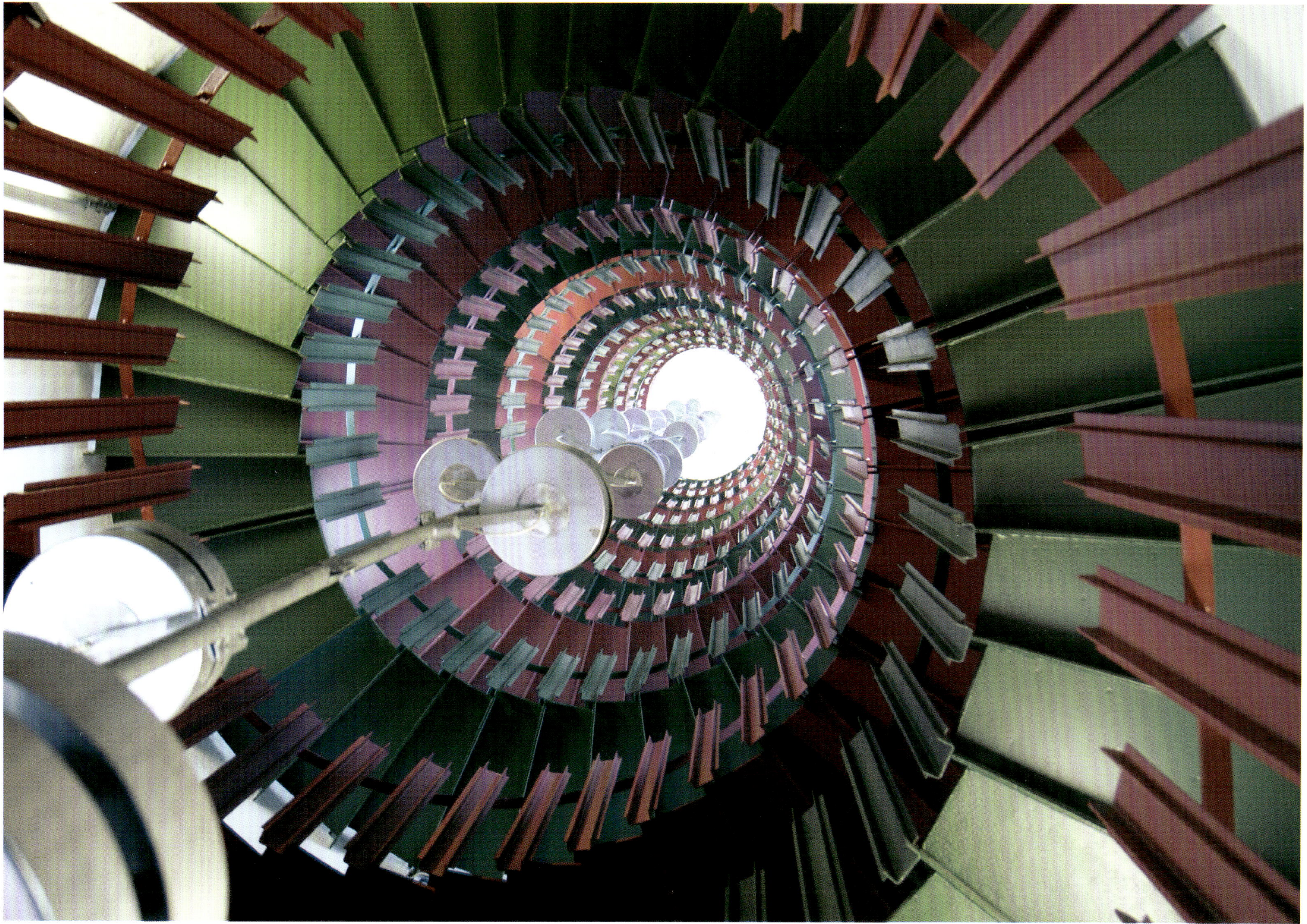

Das Salzhofufer bietet vielerlei Möglichkeiten einer abwechslungsreichen Alltagsflucht. Am Ufer kann man relaxen und einen entspannten Blick auf die nahezu strömungslose Havel werfen. Hier legen Ausflugsschiffe an und man hat die Möglichkeit, sich unterhalb der Jahrtausendbrücke etwas Kulinarisches zu gönnen. Zudem hat man einen schönen Blick auf die St. Johanniskirche der Franziskaner. Der Name Salzhof stammt von der ehemaligen Salzniederlage für die Stadt und Umgebung. Das Salzhaus diente zum Aufbewahren des Salzes, das in Kähnen von Lüneburg nach Brandenburg transportiert wurde.

SALZHOFUFER

ST. JOHANNISKIRCHE

Am südwestlichen Rand der Altstadt befindet sich die St. Johanniskirche des Franziskanerordens, der um 1250 - 1270 hier eine lang gestreckte und flach gedeckte Saalkirche aus Backstein errichtete. Um 1310 – 1330 brachte man die Mauern auf die fast doppelte Höhe. Die Kirche, die ihren Turm weithin sichtbar am Salzhofufer der Havel präsentiert, wurde im 2. Weltkrieg schwer geschädigt. In der Kirche befand sich die berühmte Franziskanerbibliothek, die 1923 an die Preußische Staatsbibliothek ausgeliehen und während des 2. Weltkriegs auf nun polnisches Gebiet ausgelagert wurde. Nach dem Krieg verbrachten die Polen sie nach Krakau, wo sie in der Bibliothek der dortigen Universität aufbewahrt wird. Trotz aller Zerstörungen ist die St. Johanniskirche bis heute ein sehenswertes Bauwerk geblieben. Zur BUGA 2015 wird sie eine große Blumenschau beherbergen.

SLAWENDORF

Das sogenannte Slawendorf wurde zwischen 2004 und 2010 von Historikern, Archäologen und engagierten Bürgern mit viel Liebe zum Detail errichtet. Hier wird das Leben damaliger Zeit nachgestellt. Nachdem im 10. Jh. die Germanen die Gebiete um das Havelland verließen, übernahmen aus Osten einwandernde Slawen diese und vermischten sich teilweise mit zurück gebliebenen Germanengruppen, aus denen der Stamm der Heveller, der Havelleute, entstand. Diese züchteten Schweine, Schafe, Ziegen und Rinder. Besondere Fähigkeiten hatte dieser Stamm in der Pferdezucht und der Waldbienenhaltung. Um der harten Witterung zu trotzen, baute man stabile Holzhäuser mit in der Erde eingelassenen Vorratskammern. Im Jahre 1150 endete mit dem Tod des Fürsten Pribislaw die Herrschaft der Slawen. Brandenburg kam nach 1157 nach jahrelangen Kämpfen endgültig wieder unter deutsche Herrschaft.

Besucher können hier auf einer Fläche von über 12.000 Quadratmetern eine detaillierte historische Siedlung durchlaufen. Sie erhalten interessante Einblicke in die von Slawen bevölkerte Region. Unmittelbar kann man in das Damals eintauchen, in die engen und dunklen Häuser, in die Backstuben, Schmieden, oder die an der Havel vor Anker liegenden Schiffe TRIGLAV und DRAGOMIRA bestaunen. Kinder und Erwachsene können unter Anleitung töpfern, backen, Bogen schießen oder sich im Lehmbau üben.

ST. GOTTHARDTKIRCHE

Der bekannten Kirche St. Gotthardt inmitten der historischen Altstadt liegt ein verträumter und in bunte Farbtupfer eingebetteter Kirchplatz zu Füßen. Die große Kirche samt Backsteinhalle verfügt über einen Umgangschor, einen Kapellenkranz und eine Vorhalle aus dem 15. Jh., eine barocke Turmhaube und spätgotische Hallenkirche mit romanischem Westwerk.
Sie ist über den Parduin – die sog. Keimzelle der Altstadt – und den von der Rathenower Straße abzweigenden Gotthardtwinkel zu erreichen.
An den alten Steinwänden der Kirche sind historische Dokumente damaliger Zeit abzulesen. Der untere Teil der Westseite der Kirche ist das älteste Bauwerk in ganz Brandenburg. Der zum Christentum übergetretene Slawenfürst Pribislaw ließ um 1140 von Mönchen aus Leitzkau eine Kirche mit romanischem Portal aus bearbeiteten Feldsteinen errichten. Nach Abbruch der alten Kirche entstand im 14. Jh. die dreischiffige Hallenkirche.
Seine barocke Form erhielt der Turm 1767. Kunstschätze ganz besonders wertvoller Art verbergen sich im Inneren der St. Gotthardtkirche. So spendete um 1624 die Tuchmachergilde der Stadt Brandenburg an der Havel eine Sandsteinkanzel der Spätrenaissance. Ein Relikt mittelalterlicher Gobelins ist der so genannte Einhornteppich mit der Darstellung einer Jagdszene. Hörenswert ist zudem die dreimanualige Schuke-Orgel.

Neustadt

Die sog. Lange Brücke war die erste Verbindung zwischen Alt- und Neustadt. Neben dieser stand vom 14.-17. Jh. ein Bau auf Holzpfählen mitten in der Havel, der über einen kurzen Steg mit der Brücke verbunden war. Hier tagte einst ein gemeinsames Gericht von Alt- und Neustadt, der sog. Brandenburger Schöppenstuhl. Es wurde über Todesurteile in der Mark Brandenburg entschieden, so von 1530 bis 1730 in über 700 Hexenprozessen.

1860 erfolgte ein kompletter Neubau der Langen Brücke, 1892 ersetzte man diese durch eine Eisenkonstruktion. Im Jahr 1928 wurde eine Stahlbetonbrücke mit drei Feldern errichtet und diese erhielt schließlich den Namen Jahrtausendbrücke - anlässlich der 1000-Jahr Feier der Stadt Brandenburg. Um der Jahrtausendbrücke die notwendige Höhe zu geben, musste die Hauptstraße aufgeschüttet und ganze Häuser in diesem Bereich abgerissen werden.

Die Jahrtausendbrücke hatte auch eine enorme symbolische Bedeutung beim Zusammenwachsen von Alt- und Neustadt. 1945 wurde auch diese Brücke von SS-Einheiten gesprengt. 1947 wurde sie schließlich wieder aufgebaut. Im Jahre 1995/96 erfolgte der Abriss sowie zugleich der Neubau der Jahrtausendbrücke, die so in ihrer jetzigen Form bewundert werden kann.

JAHRTAUSENDBRÜCKE

LA PIAZZA

Nicht ausschließlich am Molkenmarkt wird italienische Lebensart praktiziert, überall in Brandenburg an der Havel sind mediterrane Highlights unmittelbar erlebbar. Brandenburg an der Havel wird seinem Beinamen „Venedig des Nordens“ auch in diesem Punkt gerecht. In Freiluftatmosphäre Pasta, Pesto oder einfach olivenhaltige Gerichte zu genießen, entspricht einer Stadt in wasserreicher Umgebung mit fast südlichem Flair. In den Sommermonaten einen freien Platz in einem der vielen italienischen Eiscafes am Neustädtischen Markt, der Steinstraße oder der Hauptstraße zu erlangen, ist für Bürger und Touristen gleichermaßen eine lohnenswerte Angelegenheit.

BOLLMANNBRUNNEN

„In Brandenburg uff`n Beetzsee, da steht een Fischerkahn,
und darin sitzt Fritze Bollmann, mit seinem Angelkram.
Fritze Bollmann wollte angeln, da fiel die Angel rin.
Fritze Bollmann wollt`se langen, da fiel er hinter drin …“

Ein Brandenburger Original, ein Barbier aus echtem Fleisch und Blut, das war Fritze Bollmann. Dieser konnte seine kinderreiche Familie mit dem Lohn alleine nicht über Wasser halten, sondern trachtete in selbigem Element den Fischen nach dem Leben - um des Abends den einen oder anderen Happen mehr auf dem Teller zu haben.
Fritze Bollmann (1851 - 1901) war oft im Kahn auf dem Beetzsee anzutreffen, dem Alkohol ebenfalls ganz zugetan, und da reichte schon ein kleiner Fisch, der ihn samt Angelrute vom Boot ins Wasser riss …
Das Glück war Bollmann nicht hold. Von seinen elf Kindern überlebten schließlich nur drei. Trotz fleißigem Tun geriet er in wirtschaftliche Not. Von den Kindern Brandenburgs ständig geärgert, verfolgte er diese dann fluchend und mit Rasierschaum bespritzend. Die kleine und eher zierliche Person wurde zur Spottfigur in ganz Brandenburg und verstarb schließlich im städtischen Krankenhaus.

JUNGES GLÜCK

Die Stadt Brandenburg bietet insbesondere jungen Menschen eine Vielzahl von Möglichkeiten individueller Entfaltung. Sei es auf künstlerischer Ebene oder im Bereich des Sports.
Eine persönliche Weiterentwicklung ist auch dank der Fachhochschule, des Theaters oder der Musikschulen möglich.

BRÜCKE ÜBER DIE NÄTHEWINDE

Brücken spielen in der über 1000jährigen Geschichte der Stadt Brandenburg an der Havel seit jeher eine wichtige, Menschen sowie verschiedene Stadtteile gleichermaßen verbindende Rolle. Die an Wasserstraßen reiche Stadt verfügt über insgesamt 66 Brücken und wird nicht umsonst „Venedig des Nordens“ genannt. Die Brücke über die Näthewinde verbindet hier die Neustadt mit der Dominsel.

PFARRKIRCHE ST. KATHARINEN

Um 1216 wurde erstmals die Pfarrkirche der Neustadt St. Katharinen erwähnt. Bis 1395 stand eine Feldsteinkirche an ihrem Platz. Der Neubau dieser Kirche ist ein Meisterwerk der späten Backsteingotik. Der 1494 umgebaute ältere Westturm musste nach einem Einsturz von 1582 bis 1592 neu errichtet werden, denn eine Katastrophe traf die Kirche am 30. März 1582 um 3.00Uhr morgens. Der Turm hatte 1580 nach einem Orkan bereits gewaltige Risse bekommen. In der Nacht vom 29. auf den 30. März 1582 schliefen die drei Kunstpfeifergesellen Anton Störtewein, Andreas Drichel und Georg Wolff in der Kunstpfeifferwohnung im Turm. Störtewein hatte gerade die Stunde ausgeblasen, als der Turm plötzlich in sich zusammenbrach. Wie durch ein Wunder kam keiner der Gesellen ums Leben. Umso verwunderlicher ist dies den Chronisten, da die Westwand der Kirche mit der an ihr aufgehängten Orgel komplett zusammenstürzte.
Die 72 Meter hohe St. Katharinenkirche sollte den Anspruch der Neustadt im Mittelalter verdeutlichen, die reichste, vornehmste und bedeutendste Stadt in der Mark Brandenburg zu sein.

KATH. KIRCHE HEILIGE DREIFALTIGKEIT

In unmittelbarer Nähe des Stadtkanals gelegen, befindet sich die Katholische Kirche Heilige Dreifaltigkeit der Stadt Brandenburg an der Havel. Wenn jemand eine Auszeit benötigt, einfach einmal zur Ruhe kommen und schauen will, was wirklich wichtig ist im Leben, dann ist er an dieser Adresse genau richtig. Hier werden bei Entscheidungs- und Übergangssituationen Hilfen und Möglichkeiten bei deren Bewältigung aufgezeigt, die Beziehungen zu Gott vertieft, Geistliches Leben wird unmittelbar praktiziert und die lange Tradition kirchlichen Engagements in Sachen Bildung von Kindern und Jugendlichen gefördert.

STEINTORTURM

Der um das Jahr 1380 erbaute Steintorturm war Teil einer mittelalterlichen Wehranlage und ist der mächtigste Turm der Stadtmauer der Stadt Brandenburg an der Havel. Er ist nach der Steinstraße benannt, die hier beginnt und bis zum Neustädtischen Markt führt. Der massige Turm hat 11 Meter Durchmesser, ist über 32 Meter hoch und komplett in Märkischem Ziegelstein ausgeführt. Insgesamt sind sechs Geschosse im Turmschaft untergebracht. Um 1433 wurde der Turm als Gefängnis genutzt. Heute beherbergt der Turm als Teil des Stadtmuseums eine Ausstellung zur Havelschifffahrt.

STEINTORBRÜCKE

Am Ende des 13.Jh. gab es laut Überlieferungen eine hölzerne Zugbrücke, die über einen Stadtbefestigungsgraben führte. Die Zugbrücke wurde später durch eine hölzerne Klappbrücke ersetzt. Die jetzige Steintorbrücke entstand direkt vor dem Steintor der Neustadt an der alten Heer- und Handelsstraße. An einer Seite der Brücke befand sich seit 1548 die berühmte Kesselschleuse, die bis 1920 dem Schifffahrtsverkehr diente. 1910 wurde die Brücke verstärkt und konnte von dem zweigleisigen Straßenbahnbetrieb genutzt werden. Gleichzeitig entstand oberhalb der Steintorbrücke eine Fußgängerbrücke. 1925 wurde eine massive Bogenbrücke in Betonbauweise nach einem Entwurf von Moritz Wolf geschaffen. Im Hinblick auf den zunehmenden Verkehr wurde sie auf eine Breite von 24 Meter erweitert. 1926 entstand dann die Sportschleuse. Im Zuge der Kampfhandlungen des 2. Weltkrieges wurde die Steintorbrücke zum Entsetzen der Anwohner von SS-Einheiten gesprengt. Im Jahre 1946 stellte man sie dann nach der alten Konstruktion wieder her.

KLOSTER ST. PAULI

Auf dem Gebiet der Neustadt befindet sich das ehemalige Dominikanerkloster St. Pauli, eine der besterhaltenen Klosteranlagen mittelalterlicher Backsteingotik in Norddeutschland.
Erbaut wurde das Kloster zwischen 1286 und 1497 von Dominikanermönchen. Die Kirche des Klosters ist ein dreischiffiger gotischer Hallenbau. Nach dem Einzug der Reformation wurde die katholische Kirche schließlich evangelisch umgeweiht. Schwere Schäden am Kloster entstanden während des Zweiten Weltkriegs. Während der Kampfhandlungen am 26. und 27. April 1945 wurde der hohe Turm des Pauliklosters als Scharfschützenposten genutzt. Infolgedessen wurde das gesamte Umfeld einschließlich des Klosters selbst unter schweres russisches Artilleriefeuer genommen. Um 1960 plante die DDR, die Klosterruine wieder zu restaurieren, was allerdings an finanziellen Engpässen scheiterte. 2002 fiel letztlich der Entscheid einschließlich Fördermittelfreigaben zur völligen Rekonstruktion des Klosters.
Im Kloster St. Pauli befindet sich das Archäologische Landesmuseum Brandenburg. Eine interessante Offerte an historischen Einblicken gewährt der Fundus reichhaltiger archäologischer Ausgrabungen: Vom 50.000 Jahre alten Faustkeil und dem ersten gefundenen Gold sowie dem ältesten Tragenetz der Welt. Von der Steinzeit zur Bronzezeit hin zur Eisenzeit, von der römischen Zeit über die Germanenzeit und die Slawenzeit bis zum Mittelalter - gelangt man schließlich in die Neuzeit. Es handelt sich um wissenschaftlich bewiesene Abbilder menschlichen Handelns, hervorragend restauriert und in vielfältiger Weise präsentiert. Die Wechselwirkungen der Menschen mit ihrer Umwelt werden auf rund 2.000 qm anschaulich dargestellt.

BRANDENBURGER THEATER

Am 5.10.1817 wurde das neu erbaute Stadttheater unter der Direktion von August Breede aus Berlin mit einer Aufführung von Schillers „Maria Stuart“ eröffnet. Am 24.3.1824 brach im Theater ein Großfeuer aus. Der Schaden konnte behoben und das Theater an verschiedene Theaterdirektoren verpachtet werden. Die gastierenden Theatergesellschaften kamen aus Potsdam, Berlin und Magdeburg. Durch die Inflation 1923 musste der Spielbetrieb komplett eingestellt werden. Erst im Jahre 1935 kam es wieder zu einem regulären Spielbetrieb. Mit Beginn der Spielzeit 1944/45 schlossen im Krieg alle Theater in Deutschland. Im April1945 wurde dieses Theater in der Blumenstraße bei Kampfhandlungen zerstört.

1952 erfolgte der Umbau der Stadthalle zum Brandenburger Theater. Seit 1990 tritt das Orchester des Theaters unter dem Namen „Brandenburger Symphoniker“ auf. Am 17.Oktober 1992 begann der Abriss der alten Stadthalle. Das CCC, das CulturCongressCentrum, wurde an gleicher Stelle errichtet, und am 29.Juni 1998 war die Grundsteinlegung. Im Jahr 2000 kam es zum Abschluss eines Staatsvertrages über den Theaterverbund mit Potsdam, Frankfurt/Oder und Brandenburg an der Havel.

DIE VERRÜCKTE KAPELLE

„Die verrückte Kapelle“, eigentlich Jacobskapelle, wurde im Jahr 1320 errichtet. Die kleine und sehr filigran wirkende Kapelle befand sich an einem im Mittelalter bedeutenden Fernreiseweg – der von Magdeburg über Ziesar zur Stadt Brandenburg und schließlich nach Frankfurt an der Oder führte. An solch bedeutenden Routen wurden an den Ortseingängen Hospitäler mit dazugehörigen Kapellen zur Versorgung kranker Reisender vor die Stadttore gesetzt. Im Übrigen war dies eine Präventivmaßnahme, damit eventuelle Epidemien nicht in befestigte Städte eingeschleppt wurden. Die Höhe der Turmspitze beträgt ungefähr 15 Meter. Nur zwei kleine Fenster gewähren dem Ziegelbau Lichteinlass. An der südwestlichen Giebelwand erinnert eine Steintafel an eine ingenieurtechnische Meisterleistung aus dem Jahr 1892, als man die Kapelle 11 Meter nach Westen für die Erweiterung einer Straße „verrückte“.

CAFE´-HAUS KULTUR IN DER NEUSTADT

Gläser klirren,
Plaudereien schwirren,
Zigaretten glimmen,
Blaue Wölkchen schwimmen.
Aus dem Geschlacker zum Heil meiner Seele,
Lockte der gütige Gott ins Cafe`,
Wärmender Mocca rinnt in die Kehle...

Karl Henkel (1864- 1929)

Fonte

SANKT ANNEN GALERIE

Im Herzen der Brandenburger Neustadt befindet sich die Sankt Annen Galerie. Direkt am Marktplatz wurde sie im September 2009 eröffnet. 15.000qm Handels-, Gastronomie- und Freizeitfläche sind hier als einzigartige Einkaufs- und Erlebniswelt entstanden. Im Inneren der großzügig gestalteten Galerie befinden sich Lebensmittelfachmärkte, Bäckereien, Fast-Food und Thai-Food-Läden, Elektronik-, Bücher- und Textilgeschäfte neben Drogerien und Parfümerien. Ein Branchenmix, der durchweg von der Bevölkerung samt Gästen angenommen wird.

WEIHNACHTSMARKT

Für viele Brandenburger beginnt die schönste Jahreszeit im Winter, nämlich dann, wenn der Duft gebratener Schaschliks und Bratwürste, gebrannter Mandeln und leckerer Zimtsterne über den alljährlich stattfindenden Weihnachtsmarkt am Neustädtischen Markt zieht. Zahlreiche Passanten sind bei Kerzenschein und an extra hergerichteten Feuerstellen zum Verweilen eingeladen. Für Kinder und Erwachsene werden Abwechslungen zuhauf geboten, so kann Karussell gefahren oder beispielsweise Schlittschuh gelaufen werden. Man kann hier die schönsten Momente des Jahres Revue passieren lassen und sich auf eine besinnliche Weihnachtszeit freuen.

Dominsel

WOHNEN AM WASSER

Des Menschen Seele
gleicht dem Wasser
vom Himmel kommt es
zum Himmel steigt es
und wieder nieder
zur Erde muss es
… ewig wechselnd.

Johann Wolfgang von Goethe

Für Menschen, die sich dem Element Wasser auf besondere Weise verbunden fühlen, bietet Brandenburg an der Havel zahlreiche individuelle Entfaltungsmöglichkeiten. Hier kann man sich Wohnträume am Wasser erfüllen. Die „Stadt im Fluss" verfügt über zahlreiche Immobilien, die am Wasser gemietet oder gekauft werden können.

SCHÖNE TÜREN UND TORE

Türen sagen manches aus,
über den, der da wohnt in diesem Haus.
Es ist, als hätten sie ein Gesicht,
dessen Mimik zu uns spricht,
ob dieser Mensch einem zugetan,
oder ob`s besser, man klopft nicht an.
Manche Türen haben den Schein,
als riefen sie, komm nur rein!
Manche auch sind abweisend stolz,
sind wohl nicht aus gewöhnlichem Holz,
bei einigen steht Eitelkeit vorne dran,
weil aus Kupfer, Gold und anderem Kram.
Ein Blick auf die Tür sich immer lohnt,ein
wenig zeigt sie, wer da wohnt.

Irmgard Adomeit

Dies schöne Tor gehört zur Villa Tiede, dem momentanen Sitz der Rechtsanwaltskammer. Vom Architekt Leo Nachtlicht entworfen, wurde die Villa schließlich im Jahre 1913 im Auftrag von Paul Tiede erbaut und ziert seitdem als sehenswertes Gebäude den Grillendamm.

Wenn Einheimische oder die zahlreichen Besucher der Stadt Brandenburg an der Havel vom Burgweg auf die Bischof Albrecht Schönherr gewidmete Brücke über den Domstreng gelangen, haben sie einen hervorragenden Blick auf die zu Lofts umgebauten Alten Mühlen an den Domlinden. Der andere und noch nicht sanierte Teil der Alten Mühle wird in Zukunft ebenfalls zu einer modernen Wohnanlage umgestaltet.

Ein Wohnmobil-Stellplatz, der sich linkerhand von der neuen Brücke befindet, bietet Campingfreunden und Kulturliebhabern gleichermaßen ganzjährig die Möglichkeit, Urlaub am Wasser zu erleben und das historische Ambiente der Dominsel zu genießen.

ALTE MÜHLEN

KONIGMARCK ECCLIAE CATHEDR. BRANDBR. DECAN

DOM ST. PETER UND PAUL

Am 11.11.1165 wurde der Grundstein für den Brandenburger Dom – Mutter aller Märkischen Kirchen – gelegt und den Aposteln Peter und Paul gewidmet. Das damalige Fundament wurde 7 Meter tief per Hand gegründet. Die romanischen Teile der Basilika entstanden zwischen 1165 und 1190, die gotischen Teile im 14. und 15.Jh. Zu umfassenden Restaurierungen des Doms kam es von 1834 bis 1836 unter Leitung des berühmten preußischen Baumeisters Karl Friedrich Schinkel. In der DDR bemühte man sich um bauliche Erhaltung von 1960 bis 1965. Der Dom ist von seiner äußeren Ansicht sehr einfach gehalten, wobei das Innere mit einer reichen mittelalterlichen Ausstattung besticht. Es existieren zahlreiche Darstellungen von Heiligen auf dem Flügelaltar wie die Marienkrönung und die Schutzpatrone Peter und Paul. Sehenswert ist auch der filigrane Böhmische Altar von 1375. Die Domorgel wurde von 1723 bis 1725 vom bekannten preußischen Orgelbaumeister Joachim Wagner gebaut. Das spätbarocke zweimanuale Instrument enthält 33 Register und 2.000 Pfeifen.
Im sehenswerten Dommuseum sind Zeugnisse frühester kirchlicher Macht ausgestellt.
Interessant sowie beeindruckend wirken insbesondere die alten Gewänder der Geistlichen, die reich mit Gold und Seide bestickt sind und die hohe Kunst damaliger Schneider und Sticker widerspiegeln. Im Gegensatz zu diesen Privilegien des damaligen Klerus - wie dem Tragen der Albe, was wiederum die Reinheit vor der Sünde symbolisierte - gibt es auch das sog. Brandenburger Hungertuch aus dem 13.Jh. zu bestaunen. Während der Fastenzeit legte man dies Tuch über die Jesusfigur „...und es ward kein Blick darauf zu werfen." So erfährt man auch von berühmten Brandenburger Domherren aus dem 18. Jh., wie beispielsweise vom vielseitigen preußischen Staatsmann Freiherr von Stein sowie dem legendären Feldmarschall Gebhard Leberecht von Blücher. Die Domstiftseigene Bibliothek umfasst über 35.000 Bände. Zudem befindet sich hier der Domschatz mit historischen Goldschmiedearbeiten, Tafelmalereien und wertvollen Möbeln.

TRITONEN AM DOM

Die schöne GALATEA, die griechische Meeresgöttin, wurde mit ihren Tritonen vom italienischen Künstler Bernini (1598 – 1680) erschaffen. Ursprünglich für die Stadt Potsdam bestimmt, fand die hochwertige Figurengruppe über den Kunsthandel einen Platz in der unweit entfernten und nicht minder schönen Stadt Brandenburg an der Havel.

Friedrich
pension-havelfloss.de
Gerhard
pension-havelfloss.de
Karl-Heinz
pension-havelfloss.de
Theodor
pension-havelfloss.de

Impressionen der Stadt Brandenburg a.d. Havel

INDUSTRIEMUSEUM

Das Industriemuseum der Stadt Brandenburg an der Havel ist ein in Europa seinesgleichen suchender Denkmalkomplex, der auf über 3.400 qm begehbar und zugleich erlebbar ist. Es handelt sich um eines der größten Relikte der Hochindustriezeit Brandenburgs. Von dieser Industriestätte aus wurde Deutschland mit Eisen und Stahl versorgt. Hier steht der letzte von seinerzeit 12 gewaltigen Stahlschmelzöfen. Heute werden die technologischen Abläufe der damaligen Stahlherstellung - das sog. SIEMENS-MARTIN-VERFAHREN - vom Beschicken, Schmelzen bis zum Gießen direkt bei den Führungen in der beeindruckenden Halle erläutert.
In der Sonderausstellung BRENNABOR wird ein weiterer bedeutsamer Teil der Brandenburger Industriegeschichte anschaulich im Industriemuseum dargestellt.
Ende des 19. Jh. fertigten in Brandenburg an der Havel über 1.800 Mitarbeiter beim größten Kinderwagenhersteller Europas jährlich 75.000 Kinderwagen, ab 1925 dann 90.000 Fahrräder. BRENNABOR war 1927/28 nach OPEL der zweitgrößte Automobil- und Motorradhersteller Deutschlands und beschäftigte auf 100.000qm über 3.000 Mitarbeiter. So wurde hier beispielsweise das legendäre Automobil Brennabor-6Zylinder Typ AK entwickelt.

12
12

610

BRÜCKE ÜBER DEN STADTKANAL

Nacht beschläft das Licht
Nacht beschläft das Laute
Um uns nur das Dichte
In uns das Betaute.
Regloses Erbarmen
Welle, Fahrt und Wille
Stirbt in dunklen Armen
Einer großen Stille.

Rudolf G. Binding

Die Stadt Brandenburg hat seine Reize nicht ausschließlich bei Tag. Auch in der Nacht ist es eine sichere, in den ruhigen Lauf des Wassers eingebettete Stadt mit ihren zahlreichen Brücken. Dank dieser Brücke Nr. 59 gelangt man über den Stadtkanal hin zum Kloster St.Pauli, das auch des Nachts eine imposante Erscheinung dank perfekter Lichtszenerie ist.

LUCKENBERGER BRÜCKE

Die Luckenberger Brücke wurde von 1890-1891 im Zuge des Baus der Luckenberger Straße zur Verbindung der Wilhelmsdorfer und Neuendorfer Vorstadt errichtet. Anfangs wurde sie als „Neue-Havel-Brücke“ bezeichnet. Nach der Jahrtausendbrücke war die Luckenberger Brücke der zweite Havelübergang der Stadt Brandenburg. Für die Stadtentwicklung war dieser Aspekt von großer Bedeutung, da nun die Stadterweiterungsgebiete der Alt- und der Neustadt direkt miteinander verbunden waren.

Der Brückenneubau wurde als Rahmenbrücke konzipiert und erfolgte in den Jahren 2000-2001. In seiner jetzigen Funktion ist die Brücke eine Straßenbrücke. Die Gesamtlänge der Brücke beträgt 58,60 Meter und ist in Beton ausgeführt.

MÜHLENDAMM

WOHNEN & ERHOLEN

Farbenfroh mit blumengeschmückten Balkonen und bepflanzten Terrassen, so präsentiert sich das Wohnambiente inmitten der Stadt Brandenburg an der Havel. Lebhafte und auch ruhige Wohnlagen sind hier zu finden, gesäumt von zahllosen Bäumen und Büschen.
Ein wichtiger Erholungsfaktor ist und bleibt natürlich die nahezu strömungslose Havel.

BLICK VOM NEUSTÄDTISCHEN WASSERTOR ZUR DOMINSEL

PARKANLAGE IN DER INNENSTADT

Am Waldessaume träumt die Föhre,
Am Himmel weiße Wölkchen nur,
Es ist so still, dass ich sie höre,
Die tiefe Stille der Natur.

Rings Sonnenschein auf Wies und Wegen,
Die Wipfel stumm, kein Lüftchen wach,
Und doch, es klingt, als ström ein Regen
Leis tönend auf das Blätterdach.

Theodor Fontane

BRANDENB

BRANDENBURG AN DER HAVEL UND DAS UMLAND

Der Natur von Brandenburg an der Havel, dieser sog. „Stadt im Fluss", kommt eine immens wichtige Bedeutung zu. Dies merkt man bereits beim Betreten der zahlreichen Parks mit ihren jungen und alten Baumbeständen. Es werden abwechslungsreiche Wanderwege angeboten. Wasser, Erde und Pflanzen bieten zahllose Impressionen, die sowohl per pedes, auf dem Pferd, mit dem Rad oder dem Boot erkundigt werden können.

Die Auen und Wälder besitzen eine besondere Vielfalt von Flora und Fauna. Mit etwas Geduld können seltene Pflanzen entdeckt, geschützte und vom Aussterben bedrohte Tierarten wie Biber, Fischadler oder Eisvögel beobachtet werden. Die Weitläufigkeit der Wälder, Felder und Wiesen wusste bereits Theodor Fontane zu schätzen, die er bei seinen ausgiebigen Wanderungen durch die Mark Brandenburg in seinen Werken festhielt.

Albert

193
Burschi 2

IMPRESSUM

T.Carl Verlag
www.t-carl-verlag.de

Fotos und Text:

Dirk Trute

Redaktion, Satz und Layout:

David Hoyer
mediagrafik-dh@gmx.de

Künstlerische Beratung:

Heiko Ballauf
h.ballauf@art-discount24.de

Lektorat:

Dr. Wolfgang Diez

Druck:

dbusiness.de gmbh Berlin
info@dbusiness.de

ISBN:

978-3-9809099-4-5

Erstauflage 2012

PRINTED IN GERMANY